Matthias Fiedler

Idee des innovativen Immobilienmatchings: Immobilienvermittlung einfach gemacht

Immobilienmatching: Die effiziente, einfache und professionelle Immobilienvermittlung durch ein innovatives Immobilienmatchingportal

Impressum

1.Auflage als Print-Buch | Dezember 2016

© 2016 Matthias Fiedler

Matthias Fiedler
Erika-von-Brockdorff-Str. 19
41352 Korschenbroich
Deutschland
www.matthiasfiedler.net

Herstellung und Druck:
Siehe Eindruck auf der letzten Seite

Covergestaltung: Matthias Fiedler
Erstellung des E-Books: Matthias Fiedler

ISBN-13 (Paperback): 978-3-00-055268-7
ISBN-13 (E-Book mobi): 978-3-00-055441-4
ISBN-13 (E-Book epub): 978-3-9818618-0-8

Bibliografische Information der Deutschen Nationalbibliothek: Die Deutsche Nationalbibliothek verzeichnet diese Publikation in der Deutschen Nationalbibliografie; detaillierte bibliografische Daten sind im Internet über http://dnb.d-nb.de abrufbar.

INHALTSANGABE

In diesem Buch wird ein revolutionäres Konzept für ein weltweites Immobilienmatchingportal (App – Applikation) mit Berechnung des beachtlichen Umsatzpotentials (Milliarden Euro) erklärt, welches in eine Immobilienmaklersoftware inklusive Immobilienbewertung integriert wird (Billionen Euro Umsatzpotential).

Hierdurch können Wohn- und Gewerbeimmobilien, eigengenutzt oder vermietet, effizient und zeitsparend vermittelt werden. Es ist die Zukunft der innovativen und professionellen Immobilienvermittlung für alle Immobilienmakler und Immobilieninteressenten. Das Immobilienmatching funktioniert in nahezu allen Ländern und sogar länderübergreifend.

Anstatt Immobilien zum Käufer oder Mieter „zu tragen", werden beim Immobilienmatchingportal Immobilieninteressenten qualifiziert (Suchprofil) und mit den zu vermittelnden Immobilien der Immobilienmakler abgeglichen und verknüpft.

INHALT

VORWORT

Im Jahr 2011 habe ich diese hier beschriebene Idee des innovativen Immobilienmatchings durchdacht und entwickelt.

Seit 1998 bin ich in der Immobilienwirtschaft tätig (u.a. Immobilienvermittlung, An- und Verkauf, Bewertung, Vermietung und Grundstücksentwicklung). Ich bin unter anderem Immobilienfachwirt (IHK), Diplom-Immobilienökonom (ADI) und Sachverständiger für Immobilienbewertung (DEKRA) sowie Mitglied im international anerkannten Immobilienverband der Royal Institution of Chartered Surveyors (MRICS).

Matthias Fiedler

Korschenbroich, den 31.10.2016

www.matthiasfiedler.net

1. Idee des innovativen Immobilienmatchings: Immobilienvermittlung einfach gemacht

Immobilienmatching: Die effiziente, einfache und professionelle Immobilienvermittlung durch ein innovatives Immobilienmatchingportal

Anstatt Immobilien zum Käufer oder Mieter „zu tragen", werden beim Immobilienmatchingportal (App – Applikation) Immobilieninteressenten qualifiziert (Suchprofil) und mit den zu vermittelnden Immobilien der Immobilienmakler abgeglichen und verknüpft.

2. Ziele von Immobilieninteressenten und Immobilienanbietern

Aus Sicht eines Immobilienverkäufers und –vermieters ist es wichtig seine Immobilie schnell und zu einem möglichst hohen Preis zu verkaufen bzw. zu vermieten.

Aus Sicht eines Kauf- und Mietinteressenten ist es wichtig eine Immobilie nach seinen Wünschen zu finden sowie schnell und problemlos kaufen bzw. mieten zu können.

3. Bisherige Vorgehensweise bei der Immobiliensuche

In der Regel sehen sich Interessenten Immobilien in ihrer gewünschten Region in den großen Immobilienportalen im Internet an. Dort können sie sich Immobilien bzw. eine Liste mit jeweiligen Links zu Immobilien per Email zusenden lassen, wenn sie ein kurzes Suchprofil angelegt haben. Häufig erfolgt dies auf 2-3 Immobilienportalen. Im Anschluss werden die Anbieter in der Regel per Email kontaktiert. Hierdurch erhalten die Anbieter die Möglichkeit und Erlaubnis sich mit den Interessenten in Verbindung zu setzen.

Zusätzlich werden von den Interessenten vereinzelt Immobilienmakler in der gewünschten Region kontaktiert und jeweils das Suchprofil hinterlegt.

Bei den Anbietern auf den Immobilienportalen handelt es sich um private und gewerbliche

Anbieter. Gewerbliche Anbieter sind überwiegend Immobilienmakler und teilweise Bauunternehmen, Immobilienhändler und sonstige Immobiliengesellschaften (im Text werden gewerbliche Anbieter als Immobilienmakler bezeichnet).

4. Nachteil private Anbieter / Vorteil Immobilienmakler

Bei Kaufimmobilien ist von Seiten der Privatverkäufer nicht immer ein sofortiger Verkauf gewährleistet, da beispielsweise bei einer geerbten Immobilie keine Einigung zwischen den Erben vorliegt oder der Erbschein fehlt. Des Weiteren können ungeklärte rechtliche Themen, wie unter anderem ein Wohnrecht, einen Verkauf erschweren.

Bei Mietimmobilien kann es vorkommen, das Privatvermieter behördliche Genehmigungen nicht eingeholt haben, zum Beispiel, wenn eine Gewerbeimmobilie (-fläche) als Wohnung vermietet werden soll.

Wenn ein Immobilienmakler als Anbieter tätig ist, hat er die vorgenannten Aspekte in der Regel geklärt. Darüber hinaus liegen häufig alle relevanten Immobilienunterlagen (Grundriss, Lageplan, Energieausweis, Grundbuch, behördliche Unterlagen, etc.) bereits vor. – Somit ist ein Verkauf oder eine Vermietung zügig und ohne Komplikationen möglich.

5. Immobilienmatching

Um ein Matching zwischen Interessenten und Verkäufer bzw. Vermieter schnell und effizient zu erreichen, ist es generell wichtig, eine systematisierte und professionelle Herangehensweise anzubieten.

Dies erfolgt hier durch eine andersherum gerichtete Vorgehensweise bzw. Ablauf beim Suchen und Finden zwischen Immobilienmakler und Interessenten. Das heißt, anstatt Immobilien zum Käufer oder Mieter „zu tragen", werden beim Immobilienmatchingportal (App – Applikation) Immobilieninteressenten qualifiziert (Suchprofil) und mit den zu vermittelnden Immobilien der Immobilienmakler abgeglichen und verknüpft.

Im ersten Schritt legen die Interessenten ein konkretes Suchprofil im Immobilienmatchingportal an. Dieses Suchprofil beinhaltet ca. 20 Merkmale. Unter anderem die folgenden Merkmale (keine vollständige Aufzählung) sind wesentlich für das Suchprofil.

- Region/ Postleitzahl/ Ort
- Objektart
- Grundstücksgröße
- Wohnfläche
- Kauf-/ Mietpreis
- Baujahr
- Etage
- Zimmeranzahl
- Vermietet (ja/ nein)
- Keller (ja/ nein)
- Balkon/ Terrasse (ja/ nein)
- Heizungsart
- Stellplatz (ja/ nein)

Wichtig ist hierbei, die Merkmale nicht frei einzugeben, sondern über das Anklicken bzw. Öffnen des jeweiligen Merkmalfeldes (z.B.

Objektart) aus einer Liste mit vorgegebenen Möglichkeiten/ Optionen (z.B. bei Objektart: Wohnung, Einfamilienhaus, Lagerhalle, Büro…) zu wählen.

Optional können von den Interessenten weitere Suchprofile angelegt werden. Eine Änderung des Suchprofils ist ebenso möglich.

Zusätzlich werden von den Interessenten die vollständigen Kontaktdaten in vorgegebene Felder eingegeben. Dies sind Name, Vorname, Straße, Hausnummer, Postleitzahl, Ort, Telefon und Email.
In dem Zusammenhang geben die Interessenten ihr Einverständnis für die Kontaktaufnahme und Zusendung von passenden Immobilien(exposees) von Seiten der Immobilienmakler.

Darüber hinaus schließen die Interessenten mit dem Betreiber des Immobilienmatchingportals einen Vertrag.

Im nächsten Schritt stehen die Suchprofile über eine Programmierschnittstelle (API – Application Programming Interface) – vergleichbar wie beispielsweise die Programmierschnittstelle „openimmo" in Deutschland – den angeschlossenen Immobilienmaklern, noch nicht sichtbar, zur Verfügung. Hierzu sei angemerkt, diese Programmierschnittstelle – quasi der Schlüssel für die Umsetzung – sollte nahezu jede in der Praxis befindliche Immobilienmaklersoftware unterstützen bzw. die Übertragung gewährleisten. Sofern nicht, sollte dies technisch ermöglicht werden. – Da es bereits Programmierschnittstellen, wie die oben genannte Programmierschnittstelle „openimmo" und weitere Programmierschnittstellen in der Praxis gibt, sollte eine Übertragung der Suchprofile möglich sein.

Jetzt vergleichen die Immobilienmakler ihre zur Vermittlung stehenden Immobilien mit den Suchprofilen. Hierfür werden die Immobilien in das Immobilienmatchingportal eingespielt und die jeweiligen Merkmale abgeglichen und verknüpft.

Nach erfolgtem Abgleich ergibt sich ein Matching mit entsprechender Angabe in Prozent. – Ab einem Matching von beispielsweise 50% werden die Suchprofile in der Immobilienmaklersoftware sichtbar.

Die einzelnen Merkmale werden hierbei untereinander gewichtet (Punktesystem), so dass sich nach einem Abgleich der Merkmale ein Prozentsatz für das Matching (Wahrscheinlichkeit der Übereinstimmung) ergibt. – Beispielsweise das Merkmal „Objektart" ist höher gewichtet als das Merkmal „Wohnfläche". Zusätzlich könnten bestimmte Merkmale (z.B. Keller) ausgewählt werden, die diese Immobilie haben muss.

Im Zuge des Abgleichs der Merkmale für das Matching sollte darauf geachtet werden, den Immobilienmaklern den Zugang nur zu ihren gewünschten (gebuchten) Regionen zu geben. Dies reduziert den Aufwand für den Datenabgleich. Zumal die jeweiligen Immobilienmakler sehr häufig regional agieren. – Hier sei angemerkt, dass durch die so genannte „Cloud" eine Speicherung und Verarbeitung von großen Datenmengen heutzutage möglich ist.

Um eine professionelle Immobilienvermittlung zu gewährleisten, erhalten nur Immobilienmakler Zugang zu den Suchprofilen.

Hierzu schließen die Immobilienmakler mit dem Betreiber des Immobilienmatchingportals einen Vertrag.

Nach dem jeweiligen Abgleich/ Matching dürfen die Immobilienmakler die Interessenten und umgekehrt die Interessenten die Immobilienmakler kontaktieren. Dies bedeutet auch, wenn die Immobilienmakler den Interessenten ein Exposee zugesandt haben, ist ein Tätigkeitsnachweis bzw. der Anspruch der Immobilienmakler auf ihre Maklerprovision im Falle eines Verkaufs oder Vermietung dokumentiert.

Dies setzt voraus, dass der Immobilienmakler von Seiten der Eigentümer (Verkäufer oder Vermieter) mit der Vermittlung der Immobilie beauftragt ist oder das Einverständnis vorliegt, die Immobilie anbieten zu dürfen.

6. Anwendungsbereiche

Das hier beschriebene Immobilienmatching ist anwendbar für Kauf- und Mietimmobilien im Wohnungs- und Gewerbeimmobiliensektor. Für Gewerbeimmobilien sind entsprechend zusätzliche Immobilienmerkmale erforderlich.

Auf der Seite der Interessenten kann, wie in der Praxis üblich, auch ein Immobilienmakler sein, wenn er zum Beispiel im Auftrag von Kunden tätig ist.

Räumlich betrachtet, kann das Immobilienmatchingportal auf nahezu jedes Land übertragen werden.

7. Vorteile

Dieses Immobilienmatching bietet große Vorteile für die Interessenten, wenn sie beispielsweise in ihrer Region (Wohnort) oder bei einem beruflichen Wechsel in eine andere Stadt/ Region eine Immobilie dort suchen.

Sie legen nur einmal ihr Suchprofil an und erhalten von den in der gewünschten Region tätigen Immobilienmaklern passende Immobilien zugesandt.

Für die Immobilienmakler bieten sich hierdurch große Vorteile, was die Effizienz und Zeitersparnis für den Verkauf bzw. die Vermietung betrifft, an.

Sie erhalten unmittelbar eine Übersicht wie hoch das Potential von konkreten Interessenten für die jeweiligen von ihnen angebotenen Immobilien ist.

Des Weiteren können die Immobilienmakler ihre relevante Zielgruppe, die sich durch das Anlegen eines Suchprofils konkrete Gedanken über ihre Wunschimmobilie gemacht hat, direkt ansprechen (u.a. Zusendung des Immobilienexposees).

Hierdurch erhöht sich die Qualität an Kontaktaufnahmen zu Interessenten, die wissen, was sie suchen. Dadurch reduziert sich die Anzahl der folgenden Besichtigungstermine. – Somit reduziert sich der gesamte Vermarktungszeitraum für die zu vermittelnden Immobilien.

Im Anschluss an die Besichtigung der zu vermittelnden Immobilien durch die Interessenten erfolgt – wie üblich – der Abschluss eines Kauf- oder Mietvertrages.

8. Beispielrechnung (Potential) – nur eigengenutzte Wohnungen und Häuser (ohne vermietete Wohnungen und Häuser sowie Gewerbeimmobilien)

An dem folgenden Beispiel wird deutlich, welches Potential das Immobilienmatchingportal hat.

In einem Einzugsgebiet mit 250.000 Einwohnern, wie der Stadt Mönchengladbach, gibt es statistisch gerundet 125.000 Haushalte (2 Bewohner pro Haushalt). Die durchschnittliche Umzugsrate beträgt ca. 10%. Somit ziehen pro Jahr 12.500 Haushalte um. – Das Saldo für Zu- und Wegzug nach bzw. aus Mönchengladbach wurde hierbei nicht berücksichtigt. – Hiervon suchen ca. 10.000 Haushalte (80%) eine Mietimmobilie und ca. 2.500 Haushalte (20%) eine Kaufimmobilie.

Gemäß dem Grundstücksmarktbericht des Gutachterausschusses der Stadt Mönchengladbach gab es in 2012 2.613 Kauffälle von Immobilien. – Dies bestätigt die vorgenannte Zahl von 2.500 Kaufinteressenten. Es werden tatsächlich mehr sein, da beispielsweise nicht jeder Interessent seine Immobilie gefunden haben wird. Schätzungsweise wird die Zahl der tatsächlichen Interessenten bzw. konkreter Weise die Zahl der Suchprofile doppelt so hoch sein wie die durchschnittliche Umzugsrate von ca. 10%, nämlich 25.000 Suchprofile. Dies beinhaltet unter anderem, dass die Interessenten mehrere Suchprofile in dem Immobilienmatchingportal anlegen.

Erwähnenswert ist noch, dass bisher erfahrungsgemäß etwa die Hälfte aller Interessenten (Käufer und Mieter) ihre Immobilie über einen Immobilienmakler gefunden hat, somit insgesamt 6.250 Haushalte.

Gesucht haben aber erfahrungsgemäß mindestens 70% aller Haushalte über Immobilienportale im Internet, somit insgesamt 8.750 Haushalte (entspricht 17.500 Suchprofilen).

Würden 30% aller Interessenten, das heißt, 3.750 Haushalte (entspricht 7.500 Suchprofilen) in einer Stadt wie Mönchengladbach, ihr Suchprofil bei dem Immobilienmatchingportal (App – Applikation) anlegen, könnten die angeschlossenen Immobilienmakler pro Jahr durch 1.500 konkrete Suchprofile (20%) Kaufinteressenten und durch 6.000 konkrete Suchprofile (80%) Mietinteressenten ihre passenden Immobilien anbieten.

Das heißt, bei einer durchschnittlichen Suchdauer von 10 Monaten und einem beispielhaften Preis von 50 € pro Monat für jedes angelegte Suchprofil durch die Interessenten ergibt sich für 7.500 Suchprofile ein Umsatzpotential von

3.750.000 € pro Jahr in einer Stadt mit 250.000 Einwohnern.

Bei einer Hochrechnung auf die Bundesrepublik Deutschland mit gerundet 80.000.000 (80 Mio.) Einwohnern ergibt dies ein Umsatzpotential von 1.200.000.000 € (1,2 Mrd. €) pro Jahr. – Würden anstatt 30% aller Interessenten beispielsweise 40% aller Interessenten Ihre Immobilien über das Immobilienmatchingportal suchen, erhöht sich das Umsatzpotential auf 1.600.000.000 € (1,6 Mrd. €) pro Jahr.

Dieses Umsatzpotential bezieht sich nur auf eigengenutzte Wohnungen und Häuser. Vermietungs- bzw. Renditeimmobilien im Sektor Wohnimmobilien und der gesamte Sektor Gewerbeimmobilien sind bei dieser Potentialberechnung nicht enthalten.

Bei einer Anzahl von ca. 50.000 Unternehmen in Deutschland im Bereich der Immobilienvermittlung (inklusive beteiligte

Bauunternehmen, Immobilienhändler und sonstige Immobiliengesellschaften) mit ca. 200.000 Beschäftigten und einem beispielhaften Anteil von 20% dieser 50.000 Unternehmen, die dieses Immobilienmatchingportal mit durchschnittlich 2 Lizenzen nutzen, ergibt sich bei einem beispielhaften Preis von 300 € pro Monat pro Lizenz ein Umsatzpotential von 72.000.000 € (72 Mio. €) pro Jahr. Darüber hinaus sollte eine regionale Buchung für die dortigen Suchprofile erfolgen, so dass hier je nach Gestaltung weiteres erhebliches Umsatzpotential generiert werden kann.

Die Immobilienmakler müssten durch dieses große Potential an Interessenten mit konkreten Suchprofilen ihre eigene Interessentendatenbank – sofern vorhanden – nicht mehr permanent aktualisieren. Zumal diese Anzahl von aktuellen Suchprofilen die Anzahl der von vielen Immobilienmaklern in ihrer Datenbank angelegten Suchprofile sehr wahrscheinlich übersteigen wird.

Wenn dieses innovative Immobilienmatchingportal in mehreren Ländern Anwendung finden sollte, könnten beispielsweise Kaufinteressenten aus Deutschland ein Suchprofil für Ferienapartments auf der Mittelmeerinsel Mallorca (Spanien) anlegen und die auf Mallorca angeschlossenen Immobilienmakler könnten das jeweils passende Apartment ihren deutschen Interessenten per Email vorstellen. – Sofern die zugesandten Exposees in Spanisch geschrieben sind, können heutzutage die Interessenten im Internet mit Unterstützung von Übersetzungsprogrammen den Text in kürzester Zeit in Deutsch übersetzen lassen.

Um das Matching von Suchprofilen und zu vermittelnden Immobilien sprachübergreifend realisieren zu können, kann innerhalb des

Immobilienmatchingportals ein Abgleich der jeweiligen Merkmale auf Basis der programmierten (mathematischen) Merkmale – losgelöst von der Sprache – erfolgen und die jeweilige Sprache wird anschließend zugeordnet.

Bei Anwendung des Immobilienmatchingportals auf allen Kontinenten würde sich das vorgenannte Umsatzpotential (nur Suchinteressenten) durch sehr vereinfachte Hochrechnung wie folgt darstellen.

Weltbevölkerung:
7.500.000.000 (7,5 Mrd.) Einwohner

1. Bevölkerung in Industrieländern u. weitestgehend Industrieländern:
2.000.000.000 (2,0 Mrd.) Einwohner

2. Bevölkerung in Schwellenländern:

   4.000.000.000 (4,0 Mrd.) Einwohner

3. Bevölkerung in Entwicklungsländern:

   1.500.000.000 (1,5 Mrd.) Einwohner

Das jährliche Umsatzpotential der Bundesrepublik Deutschland in Höhe von 1,2 Mrd. € bei 80 Mio. Einwohnern wird mit folgenden angenommenen Faktoren auf die Industrie-, Schwellen- und Entwicklungsländer um- bzw. hochgerechnet.

1. Industrieländer: 1,0

2. Schwellenländer: 0,4

3. Entwicklungsländer: 0,1

Somit ergibt sich folgendes jährliches Umsatzpotential (1,2 Mrd. € x Bevölkerung (Industrie-, Schwellen- oder Entwicklungsländer) / 80 Mio. Einwohner x Faktor).

1. Industrieländer: 30,00 Mrd. €

2. Schwellenländer: 24,00 Mrd. €

3. Entwicklungsländer: 2,25 Mrd. €

Gesamt: **56,25 Mrd. €**

9. Fazit

Mit diesem dargestellten Immobilienmatchingportal bieten sich für die Immobiliensuchenden (Interessenten) und Immobilienmakler signifikante Vorteile.

1. Die Interessenten reduzieren deutlich die Zeit für die Suche von geeigneten Immobilien, da die Interessenten ihr Suchprofil nur einmal anlegen.
2. Die Immobilienmakler erhalten einen Gesamtüberblick über die Anzahl der Interessenten mit bereits konkreten Wünschen (Suchprofil).
3. Die Interessenten erhalten nur gewünschte bzw. passende Immobilien (gemäß Suchprofil) von allen Immobilienmaklern vorgestellt (quasi eine automatische Vorselektion).

4. Die Immobilienmakler reduzieren ihren Aufwand für die Pflege ihrer individuellen Datenbank für Suchprofile, da eine sehr hohe Anzahl von aktuellen Suchprofilen permanent zur Verfügung steht.

5. Da nur gewerbliche Anbieter/ Immobilienmakler an das Immobilienmatchingportal angeschlossen sind, haben es die Interessenten mit professionellen und häufig erfahrenen Immobilienvermittlern zu tun.

6. Die Immobilienmakler reduzieren die Anzahl von Besichtigungsterminen und insgesamt die Vermarktungsdauer. Im Gegenzug reduziert sich auch auf Seiten der Interessenten die Anzahl von Besichtigungsterminen und die Zeit bis zum Abschluss des Kauf- oder Mietvertrages.

7. Die Eigentümer der zu verkaufenden und zu vermietenden Immobilien haben ebenso

eine Zeitersparnis. Des Weiteren einen geringeren Leerstand bei Mietimmobilien und eine frühere Kaufpreiszahlung bei Kaufimmobilien durch eine schnellere Vermietung bzw. Verkauf, somit auch einen finanziellen Vorteil.

Mit der Realisierung bzw. Umsetzung dieser Idee des Immobilienmatchings kann ein signifikanter Fortschritt in der Immobilienvermittlung erzielt werden.

10. Einbindung des Immobilienmatching-portals in eine neue Immobilienmakler-software inklusive Immobilienbewertung

Als Vollendung kann bzw. sollte das hier beschriebene Immobilienmatchingportal von Anfang an der wesentliche Bestandteil einer neuen – idealerweise weltweit nutzbaren – Immobilienmaklersoftware sein. Das heißt, die Immobilienmakler können entweder das Immobilienmatchingportal zusätzlich zu ihrer genutzten Immobilienmaklersoftware oder idealerweise die neue Immobilienmaklersoftware inklusive Immobilienmatchingportal verwenden. Durch die Einbindung dieses effizienten und innovativen Immobilienmatchingportals in eine eigene Immobilienmaklersoftware wird ein fundamentales Alleinstellungsmerkmal für die Immobilienmaklersoftware geschaffen, welches wesentlich für die Marktdurchdringung sein wird.

Da in der Immobilienvermittlung die Immobilienbewertung immer ein wesentlicher Bestandteil ist und bleibt, sollte in die Immobilienmaklersoftware unbedingt ein Immobilienbewertungstool integriert werden. Die Immobilienbewertung mit den entsprechenden Rechenwegen kann auf die relevanten Daten/ Parameter aus den eingegebenen/ angelegten Immobilien der Immobilienmakler durch Verknüpfungen zugreifen. Gegebenenfalls fehlende Parameter ergänzt der Immobilienmakler durch seine eigene regionale Marktexpertise.

Darüber hinaus sollte es in der Immobilienmaklersoftware die Möglichkeit geben, so genannte virtuelle Immobilienrundgänge der zu vermittelnden Immobilien zu integrieren. Dies könnte beispielsweise dahingehend vereinfacht umgesetzt werden, in dem für das Mobiltelefon und/ oder Tablet eine zusätzliche App (Applikation) entwickelt wird, die nach erfolgter Aufnahme des virtuellen Immobilienrundgangs diesen weitgehend automatisch in die Immobilienmaklersoftware integriert bzw. einbindet.

Sofern das effiziente und innovative Immobilienmatchingportal in eine neue Immobilienmaklersoftware nebst Immobilienbewertung eingebunden wird, erhöht sich hierdurch das mögliche Umsatzpotential nochmals deutlich.

Matthias Fiedler

Korschenbroich, den 31.10.2016

Matthias Fiedler

Erika-von-Brockdorff-Str. 19

41352 Korschenbroich

Deutschland

www.matthiasfiedler.net

Made in the USA
Monee, IL
07 July 2026

56550245R00022